ANIMALS
That Make a Difference!

Sharks
Tiburones

Ashley Lee

Explore other books at:
WWW.ENGAGEBOOKS.COM

VANCOUVER, B.C.

e→ WWW.ENGAGEBOOKS.COM

Sharks: Level 1 Bilingual (English/Spanish) (Ingles/Español)
Animals That Make a Difference!
Lee, Ashley 1995 –
Text © 2021 Engage Books
Edited by: A.R. Roumanis
and Lauren Dick
Translated by: Juan Ortega Aliaga
Proofread by: Andrés Cordero

Text set in Arial Regular.
Chapter headings set in Arial Black.

FIRST EDITION / FIRST PRINTING

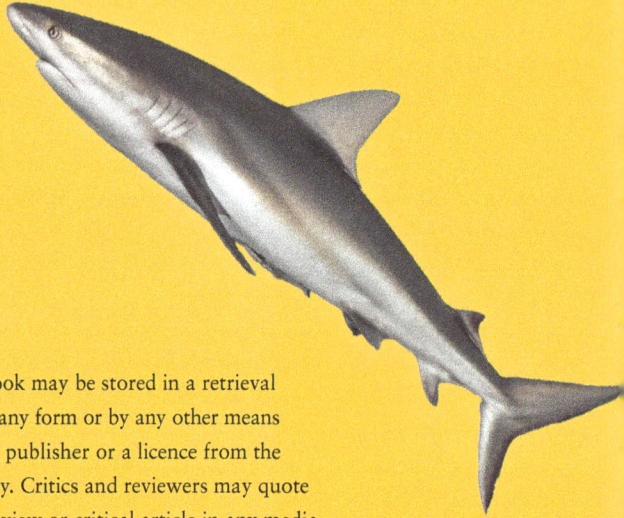

LIBRARY AND ARCHIVES CANADA CATALOGUING IN PUBLICATION

Title: Animals That Make a Difference: Sharks Level 1 Bilingual (English / Spanish) (Ingles / Español)
Names: Lee, Ashley, author.

ISBN 978-1-77476-400-8 (hardcover)
ISBN 978-1-77476-399-5 (softcover)

Subjects:
LCSH: Sharks—Juvenile literature
LCSH: Human-animal relationships—Juvenile literature

Classification: LCC QL638.9 .L44 2020 | DDC J597.3—DC23

Contents Contenidos

What Are Sharks?
Qué son los tiburones?

Sharks are a kind of fish.
Los tiburones son un
tipo de pez.

A group of sharks is called a school.
A un grupo de tiburones se le llama cardumen.

What Do Sharks Look Like?
Cómo se ven los tiburones?

Sharks can be many different sizes. Dwarf lantern sharks are only about 8 inches (20 centimeters) long. Whalesharks can be up to 59 feet (18 meters) long.

Los tiburones pueden ser de distintos tamaños. Los tiburones linterna enanos son de apenas 8 pulgadas (20 centímetros) de largo. Los tiburones ballena pueden llegar a ser hasta de 59 pies (18 metros) de largo.

Shark teeth are very sharp. Most sharks have between 5 and 15 rows of teeth.

Los dientes de los tiburones son muy afilados. La mayoría de los tiburones tienen entre 5 y 15 filas de dientes.

Sharks have a large fin on their backs. This fin helps them keep their balance.
Los tiburones tienen una aleta grande en sus espaldas. Esta aleta les ayuda a mantenerse equilibrados.

Sharks have holes in their bodies called gills. They use their gills to breathe.
Los tiburones tienen agujeros en sus cuerpos llamados branquias. Ellos usan sus branquias para respirar.

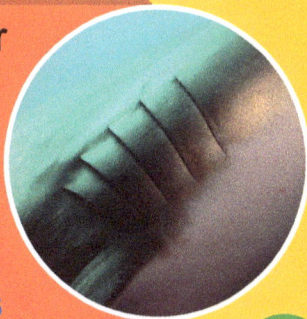

Where Do Sharks Live?
Dónde viven los tiburones?

Sharks live in every ocean in the world. Some sharks live in the deepest parts of the ocean. Others live near coral reefs.

Los tiburones viven en todos los océanos del mundo. Algunos tiburones viven en las partes más profundas del océano. Otros viven cerca de los arrecifes de coral.

Walking sharks are found near Indonesia. Leopard catsharks live near South Africa. Chinese high-fin banded sharks come from the Yangtze River in China.
A los tiburones caminantes se los encuentra cerca de Indonesia. Los tiburones gato leopardo viven cerca de Sudáfrica. Los tiburones chinos de aleta alta provienen del río Yangtze en China.

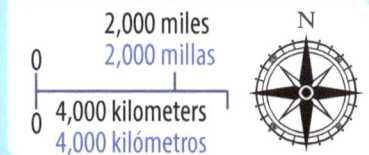

Arctic Ocean
Océano Ártico

Yangtze River
Río Yangtze

Europe
Europa

Asia
Asia

Pacific Ocean
Océano Pacífico

Africa
África

South Africa
Sudáfrica

Atlantic Ocean
Océano Atlántico

Indian Ocean
Océano Índico

Indonesia
Indonesia

Southern Ocean
Océano Antártico

2,000 miles
2,000 millas
0

N

0
4,000 kilometers
4,000 kilómetros

Legend Leyenda
Land Tierra
Ocean Océano

9

What Do Sharks Eat?
Qué comen los tiburones?

Sharks eat other animals that live in the ocean. Small sharks eat fish, squid, and shellfish.

Los tiburones comen otros animales que viven en el océano. Los tiburones pequeños comen peces, calamares, y mariscos.

Large sharks eat dolphins, sea lions, and sea turtles.

Los tiburones grandes comen delfines, leones marinos, y tortugas marinas.

How Do Sharks Talk to Each Other?
Cómo se comunican los tiburones entre ellos?

Sharks move their bodies to tell others how they feel. Different movements mean different things.

Los tiburones mueven sus cuerpos para decirles a otros cómo se sienten. Cada movimiento significa una cosa distinta.

Sharks feel vibrations in the water when other animals move. This helps them find other sharks.

Los tiburones sienten las vibraciones en el agua cuando otros animales se mueven. Esto les ayuda a encontrar otros tiburones.

13

Shark Life Cycle
El ciclo de vida de un tiburón

Some sharks lay eggs. Others give birth to live babies.
Algunos tiburones ponen huevos. Otros dan a luz a sus bebés.

Most sharks have between 2 and 20 babies. Some sharks can have up to 100 babies.
La mayoría de los tiburones tienen entre 2 y 20 bebés. Algunos tiburones pueden tener hasta 100 bebés.

Baby sharks are called pups. They are able to find food without their mothers.

Los tiburones bebés se llaman crías. Ellos son capaces de encontrar comida sin la ayuda de sus madres.

Scientists have a hard time knowing how old sharks are. They believe some sharks can live for about 400 years.

Los científicos tienen dificultades para saber cuán viejos son los tiburones. Ellos creen que algunos tiburones pueden vivir cerca de 400 años.

Curious Facts About Sharks

Whale sharks are the longest fish in the ocean.
Los tiburones ballena son los peces más grandes del océano.

Sharks lose about one tooth every week. New teeth grow back in one day.
Los tiburones pierden cerca de un diente cada semana. Un nuevo diente crece de nuevo en un día.

Sharks lived on Earth before dinosaurs.
Los tiburones vivían en el planeta antes que los dinosaurios.

Datos curiosos acerca de los tiburones

A shark's ears are inside its head.
Las orejas del tiburón están dentro de su cabeza.

Sharks spend most of their time alone.
Los tiburones pasan la mayor parte de su tiempo solos.

Most sharks will sink if they stop swimming. These sharks swim while they sleep.
La mayoría de los tiburones se hundirían si dejan de nadar. Estos tiburones nadan mientras duermen.

Kinds of Sharks
Tipos de tiburones

There are more than 400 different kinds of sharks. They do not have bones in their bodies. They have a soft material called cartilage. This is the same material found in human ears.

Hay más de 400 tipos distintos de tiburones. Ellos no tienen huesos en sus cuerpos. Ellos tienen un tejido blando llamado cartílago. Este es el mismo tejido que se encuentra en las orejas de los seres humanos.

Hammerhead sharks can be gray, brown, or green. They can see behind themselves without turning their heads. Los tiburones martillo pueden ser grises, marrones, o verdes. Ellos pueden ver detrás de sí mismos sin tener que girar sus cabezas.

Basking sharks swim with their mouths open. They eat tiny living things called plankton. Los tiburones peregrinos nadan con sus bocas abiertas. Ellos comen pequeñas cosas llamadas plancton.

Angel sharks have flat bodies. They can blend in with the sea floor so other sharks cannot see them. Los tiburones ángeles tienen cuerpos planos. Ellos pueden mezclarse con el fondo del mar para que otros tiburones no los puedan encontrar.

How Sharks Help Earth
Cómo los tiburones ayudan al planeta

Sharks make sure ecosystems stay healthy. An ecosystem is an area where living and non-living things live.

Los tiburones se aseguran de mantener saludables a los ecosistemas. Un ecosistema es un área donde viven cosas con vida y sin vida.

Around 100 million sharks are hunted by humans every year. Most kinds of sharks are in danger of disappearing forever. Many countries have made shark hunting illegal.

Alrededor de 100 millones de tiburones son cazados por personas cada año. La mayoría de los tiburones están en peligro de desaparecer para siempre. Muchos países han declarado a la cacería de tiburones como un acto ilegal.

Sharks eat green turtles. Green turtles eat seagrass. Without sharks, turtles would eat all the seagrass in an area. Animals that eat seagrass would then disappear. They would have no food.

Los tiburones comen tortugas verdes. Las tortugas verdes comen algas marinas. Sin los tiburones, las tortugas se comerían toda el alga marina en el área. Entonces los animales que comen algas marinas desaparecerían. Ellos no tendrían comida.

How Sharks Help Other Animals

Cómo los tiburones ayudan a otros animales

Sharks let small fish, called cleaner wrasse fish, clean food out of their teeth.

Los tiburones permiten a los peces pequeños, llamados peces napoleón limpiador, limpiar el resto de comida de sus dientes.

The sharks do not eat these fish. This gives cleaner wrasse fish lots of food to eat.

Los tiburones no se comen estos peces. Esto le permite a los peces napoleón limpiador tener mucha comida.

How Sharks Help Humans
Cómo los tiburones ayudan a los seres humanos

Sharks do not get sick as often as other animals. Many germs cannot stick to their skin.

Los tiburones no se enferman tan frecuentemente como otros animales. Muchos gérmenes no se pueden adherir a su piel.

Scientists have created a surface that acts like shark skin. Most germs cannot stick to it. This surface is being used in hospitals to help keep people healthy.

Los científicos han creado una superficie que actúa como piel de tiburón. La mayoría de gérmenes no se pueden adherir a ella. Esta superficie está siendo utilizada en hospitales para ayudar a mantener sanas a las personas.

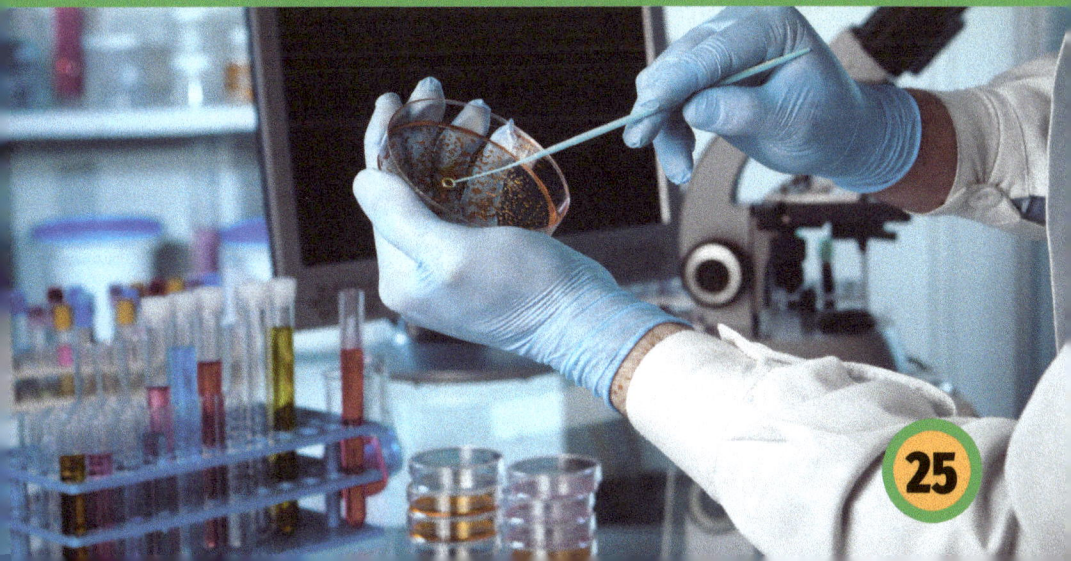

Sharks in Danger
Tiburones en peligro

Some people hunt sharks for their fins. They use the fins to make soup. Some shark fins have a chemical in them that can harm humans.

Algunas personas cazan tiburones por sus aletas. Usan las aletas para preparar sopa. Algunas aletas de tiburones tienen un químico en ellas que pueden dañar a las personas.

How To Help Sharks
Cómo ayudar a los tiburones

Lots of garbage ends up in oceans. Sharks can get trapped in pieces of garbage. They can also get sick if they eat a piece of garbage.

Una gran cantidad de basura termina en los océanos. Los tiburones pueden quedar atrapados en residuos de basura. Ellos también pueden enfermarse si comen esos desperdicios.

Many people organize ocean clean-ups with their friends and family. This keeps garbage out of oceans and protects sharks.

Muchas personas organizan limpiezas en el océano con sus amigos y familiares. Esto mantiene a los desperdicios fuera del océano y protege a los tiburones.

Quiz
Cuestionario

Test your knowledge of sharks by answering the following questions. The questions are based on what you have read in this book. The answers are listed on the bottom of the next page.

Pon a prueba tu conocimiento acerca de los tiburones respondiendo las siguientes preguntas. Las preguntas están basadas en lo que leíste en este libro. Las respuestas están listadas al final de la siguiente página.

1 What is a group of sharks called?
Cómo se le llama a un grupo de tiburones?

2 What do small sharks eat?
Qué comen los tiburones pequeños?

3 What are baby sharks called?
Cómo son llamados los tiburones bebés?

4 How many different kinds of sharks are there?
Cuántos tipos distintos de tiburones existen?

5 What is an ecosystem?
Qué es un ecosistema?

6 How many sharks are hunted by humans every year?
Cuántos tiburones son cazados por personas cada año?

Explore other books in the Animals That Make a Difference series.

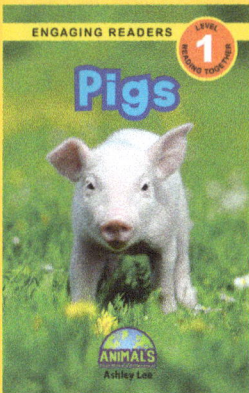

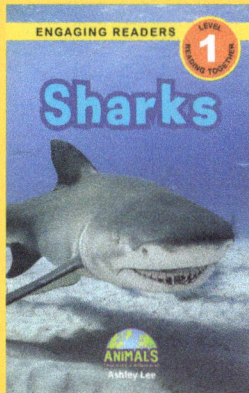

ENGAGING READERS — LEVEL 1 — READING TOGETHER

Bees — Jared Siemens

Bats — Ashley Lee

Birds — Ashley Lee

Dolphins — Ashley Lee

Horses — Ashley Lee

Lady Bugs — Ashley Lee

Pigs — Ashley Lee

Sharks — Ashley Lee

Squirrels — Ashley Lee

Visit www.engagebooks.com to explore more Engaging Readers.

Answers:
1. A school 2. Fish, squid, and shellfish 3. Pups 4. More than 400 5. An area where living and non-living things live 6. Around 100 million

Respuestas:
1. Cardumen 2. Peces, calamares, y mariscos 3. Crías 4. Más de 400 5. Un área donde viven cosas con vida y sin vida 6. Alrededor de 100 millones

www.ingramcontent.com/pod-product-compliance
Lightning Source LLC
Chambersburg PA
CBHW040227040426
42331CB00039B/3453